# Cómo hacer un Home Staging paso a paso

*Janet Cepero Arroyo y Gabriel Manzano Mérida*

Esta guía no podrá ser reproducida, ni total ni parcialmente, sin el previo permiso escrito de los autores. Todos los derechos reservados.

Janet Cepero Arroyo
Gabriel Manzano Mérida
© ASL Stagers 2020
Autoedición y diseño: Janet Cepero Arroyo y Gabriel Manzano Mérida
contacto@aslstagers.com
Edición: Noviembre 2020

La publicación de esta obra puede estar sujeta a futuras correcciones y ampliaciones por parte del autor.

Quedan prohibidas dentro de los límites establecidos por la ley y bajo las prevenciones legalmente previstas, la reproducción total o parcial de esta obra por cualquier medio o procedimiento, ya sea electrónico mecánico, el tratamiento informático, el alquiler o cualquier forma de cesión de la obra escrita de los autores.

# ÍNDICE

| | |
|---|---:|
| **Introducción** | 4 |
| **Aspectos básicos** | 5 |
|     **Pintura** | 5 |
|     **Luces** | 6 |
| **Cómo hacer un Home Staging paso a paso** | 8 |
|     **Primer paso: DESPERSONALIZAR** | 8 |
|     **Segundo paso: ORDENAR** | 8 |
|     **Tercer paso: LIMPIAR** | 8 |
|     **Cuarto paso: REPARAR** | 9 |
|     **Quinto paso: LA PUESTA EN ESCENA (STAGING en inglés)** | 11 |
| **La salida al mercado** | 28 |
| **Recomendaciones finales** | 29 |

# Introducción

Antes de nada, GRACIAS por adquirir esta guía que hemos escrito con mucho cariño y dedicación para ti. Nuestro objetivo es que vendas tu casa lo más rápido posible y por el máximo valor. Para ello utilizaremos el HOME STAGING, la técnica de venta inmobiliaria que lo cambia TODO.

Te queremos hacer una pregunta: ¿quieres vender tu casa ya? o ¿quieres tenerla en el mercado unos meses a ver qué pasa?

Si tu respuesta es **ya,** esta guía es para ti, porque está hecha para quien realmente desea, necesita, vender su casa cuanto antes, y no ver cómo pasan los meses y nadie la visita ni hace una oferta.

¡Empecemos!

Veremos cómo hacer que tu casa luzca muy atractiva a los compradores sin gastar mucho dinero, todo lo que hagas antes, repercutirá después en menos tiempo en el mercado y menos bajadas de precio o regateos.

Todo cuenta, los detalles marcan la diferencia, y los compradores quieren enamorarse de la propiedad que van a comprar, así pues intentaremos transmitir sentimientos y dejar una marca emocional.

Te vamos a explicar como lograr que tu propiedad sea la más bonita de la zona, en la que se encuentra, y que sobresalga entre las que tienen características y precios similares.

Te ponemos el listón muy alto, lo sabemos, pero el mercado inmobiliario está cambiando, y la oferta supera la demanda. Es cierto que si vendes a un precio de ganga, probablemente algún inversor te quitará la casa de las manos, pero ese no es tu objetivo, tú quieres vender por su máximo valor.

¡Es tu casa y no las vas a regalar!

Empecemos con los básicos…

# Aspectos básicos

Los aspectos básicos de toda vivienda tienen que ver con la luz, la iluminación y el color. Todo entra por la ojos y cuando visitamos una vivienda prestamos especial atención a estos detalles incluso sin darnos cuenta. Una casa mal iluminada y pintada con colores erróneos puede ocultar el resto de aspectos positivos que la ponen en valor.

## Pintura

Existe la creencia extendida de que si se vende una casa recién pintada es porque se ha querido tapar algo. Bien, probablemente eso fue así en el pasado, pero en la actualidad, a no ser que quien vaya a comprar tu casa sea un inversor que la quiere para reformar, al comprador no le va a hacer ninguna gracia ver paredes mohosas o manchadas. Sobre todo porque la pintura es barata, y es una de las formas más sencillas de dar un lavado de cara a una vivienda.

Es cierto que la mano de obra puede resultar un gasto que no estás dispuest@ a asumir, si es tu caso, también puedes hacerlo tú mism@.

Lo ideal es usar colores claros y neutros, de esta manera lograrás que le guste a la mayor cantidad posible de personas. Recuerda, tu casa debe dejar una marca emocional. Si escoges un color claro y neutro, probablemente quedará más marcado en la mente de las personas que la visiten. Más adelante tienes imágenes donde puedes ver ejemplos de colores en las paredes.

Pero ten siempre en cuenta que no es lo mismo decorar que preparar para la venta, de hecho son conceptos opuestos. Cuando decoras, personalizas la vivienda a tu gusto. Cuando haces un Home Staging despersonalizas para que guste al mayor número de personas, y así aumentar las posibilidades de llegar a esa persona que se va a enamorar de tu casa. ¡Ojo!, lo de pintar una habitación de cada color ya no se lleva, todo lo contrario. La casa completa debe seguir una misma línea de color.

## Luces

He aquí otro tema controvertido, muchos propietarios quitan el suministro eléctrico para disminuir los gastos de la casa que está en venta.

Pero tú no eres uno de ellos, porque tú no quieres tener la casa en venta por meses, e irle bajando y bajando el precio por los siglos de los siglos…¿verdad que no?
Para un comprador resulta muy molesto visitar una casa sin luz, ¡le hace perder el tiempo! y el tiempo es ORO. Por otra parte en invierno oscurece muy temprano y se pierden horas valiosas en las que puedes enseñar la propiedad con buena iluminación, y la iluminación es indispensable para mostrar la joya que tienes a la venta, valga la redundancia.

Para complementar la luz natural, coloca 2 lámparas por habitación; la de techo, y alterna entre lámparas de pie o mesa según lo que tengas a mano. Asegúrate de que haya armonía entre todos los muebles y accesorios, y que sean adecuados para la habitación en cuestión. Por ejemplo, no pongas una lámpara infantil en un dormitorio principal o viceversa.

Mantén las ventanas despejadas de todo tipo de elementos que bloqueen la luz solar. No queremos decir que retires las cortinas, nos referimos a que no haya un armario delante de una ventana.

Existen lámparas de todos los precios en el mercado. También podrás descargarte nuestra GUÍA PARA AMUEBLAR UNA CASA ENTERA POR MENOS DE 2000€ que estamos preparando para aquellos vendedores que tienen las casas vacías y las desean amueblar por poco dinero.

Ya sabemos lo que estás pensando, 2000€ no es poco dinero, pero esto, como todo en la vida, es relativo.

Si no gastas algo de dinero en hacer un STAGING a la casa antes de venderla, terminarás teniendo que bajar el precio, y siempre la primera bajada suele ser un 5% del valor de la vivienda.

Pondremos un ejemplo para arrojar un poco de luz. Si tu casa saldrá a la venta por 100.000€, y en cierto período de tiempo no se vende, la inmobiliaria te recomendará bajar el precio, ¿qué otra cosa podrían hacer?

¿Ya lo has calculado? ¡el 5% de 100.000€ son 5000€!

¿Te siguen pareciendo mucho los 2000€?

Bien, haremos otra vez hincapié en esto porque es sumamente importante, todo lo que puedas hacer antes de sacar la casa a la venta para que luzca atractiva y cuidada, se traducirá en MENOS TIEMPO DE ESPERA y MÁS DINERO EN TU BOLSILLO.

Veamos ahora cómo hacer un **Home Staging** paso a paso…

# Cómo hacer un Home Staging paso a paso

## Primer paso: DESPERSONALIZAR

Despersonalizar significa retirar todos los efectos personales de los habitantes de la vivienda: fotos, símbolos religiosos o políticos, souvenirs de viajes, elementos de las mascotas, decoración de algún estilo en particular, colores estridentes en las paredes.

Antes de empezar, hazte con cajas para ir guardando los objetos y etiquetándolos.

En este caso el objetivo es que los compradores no encorseten tu casa en cierto estilo de vida, o con alguna vertiente política, religiosa o de cualquier otra índole que vaya en contra de sus deseos, ya que esto puede afectar el PROCESO EMOCIONAL de la compra.

## Segundo paso: ORDENAR

Este paso marca una gran diferencia.

Retira todo el exceso de muebles, el objetivo que perseguiremos ahora es que las habitaciones parezcan más grandes y despejadas.

Selecciona inteligentemente los muebles que se quedarán en cada habitación, que serán aquellos indispensables para definir muy claramente el propósito de esta. Escoge aquellos que se encuentren en buen estado de conservación y que no hagan lucir la casa demasiado anticuada.

No dejes habitaciones vacías, por favor. ¡Haz que cada metro cuadrado cuente!

## Tercer paso: LIMPIAR

Esta es probablemente la parte más sencilla pero no por ello menos importante, todo lo contrario. La limpieza de la vivienda debe ser a conciencia y minuciosa, sobre todo el baño y la cocina. Estas dos habitaciones deben estar impecables de limpieza y olores.

No olvides ventanas, persianas, patios, terrazas…ponte en el rol de un director de hotel que está verificando que todo se encuentre en perfectas condiciones de limpieza para sus clientes.

**TIPS**

> **PRESTA ESPECIAL ATENCIÓN...**
>
> Al área alrededor de las llaves de la luz. Limpialas con un trapo húmedo si la pintura de la pared es lavable. En caso contrario, considera pintar las manchas.
>
> Revisa las manchas y gotas de pintura. Escapan a la vista en rodapiés, marcos de puertas y ventanas.
>
> Si vas a dejar sofás, lava las fundas. Para las partes no desmontables usa productos de lavado en seco.
>
> El polvo se suele acumular en los rincones que están fuera de la vista como los marcos de las puertas, estanterías, rodapiés, cuadros y molduras.
>
> Las manchas de las juntas de azulejos suelen salir con lejía, pero hay gran variedad de productos específicos para esto.

# Cuarto paso: REPARAR

En este punto nos centraremos en arreglar todos aquellos pequeños desperfectos que podamos.

Por PODAMOS no nos referimos a los que te apetezcan o te de tiempo. Recuerda que tú no eres como el resto que deja la venta de su casa al destino, tú has tomado acción adquiriendo esta guía y te has desmarcado de la mayoría. ¡Tú eres diferente!
Así que toma papel y boli y da un recorrido habitación por habitación con OJO DE COMPRADOR, o vuelve al rol del director de hotel, el que más te guste; y apunta todos aquellos pequeños, medianos o grandes desperfectos que no pasarías por alto si fueras tú quien desea comprar tu casa.

Probablemente no podrás hacer frente a todos, pero habrá muchos de los que sí te podrás hacer cargo porque cuestan muy poquito dinero y esfuerzo. Y habrá otros que te darás cuenta que ningún comprador pasará por alto y no te queda más remedio que solucionarlo.

Te contaremos un secreto que quizás no conozcas: la mente humana es maravillosa y nos lleva por caminos insospechados, la decisión de comprar o no tu casa será tomada por el SUBCONSCIENTE del comprador.

Imaginemos esto: un comprador decide visitar tu casa.

Esta persona tiene un precio máximo que está dispuesto a pagar y tu casa entra en él. La ha encontrado, le ha gustado el anuncio y las bonitas fotos de tu casa (de esto hablaremos más adelante); y ha decidido dedicarle una visita, un tiempo valioso para él.

Bien, desde el minuto uno en el que ni siquiera ha entrado en tu propiedad, si no que se está acercando al vecindario, a la entrada de la casa, su subconsciente está captando todo tipo de sensaciones que le envían alertas positivas o negativas sin siquiera darse cuenta de ello.

Así pues antes de lo que imaginas, esa persona ya ha decidido si comprará o no tu casa.

Si estaba dispuesto a pagar lo que pides, si le gustaron el anuncio y las fotos, entonces, ¿qué ha pasado para que DECIDA NO comprarla?

Uno de los motivos es que en la mente del comprador, esas pequeñas reparaciones que tú sabes que no cuestan mucho y piensas que él hará gustosamente una vez compre la casa; le hacen pensar que tendrá que hacer muchos arreglos cuando se instale, en su mente se hacen más grandes de lo que realmente son, e inconscientemente van restando valor.

Te ponemos un ejemplo de los pequeños arreglos a los que nos referimos:
- Cristales de ventana rotos
- Pomos de puertas o ventanas rotos u oxidados
- Bajos de puertas interiores desconchados
- Juntas de azulejos amarillas o levantadas
- Juntas de mamparas amarillentas
- Grifos oxidados
- Interruptores amarillentos, manchados o rotos
- Rodapiés despegados

**TIPS**

### ¡RUIDOS!

A nadie le gustan las puertas que crujen. Usa spray multiusos para todas las bisagras de la casa que hagan ruido, tanto puertas como muebles.

En las ventanas correderas de aluminio antiguas se suelen romper las ruedas. Son fáciles de reparar. Pero si no es posible, al menos, limpia los raíles y usa lubricante, como el spray multiusos para que se desplacen con mayor facilidad.

Procura no pasarte con el producto y limpiar el exceso para evitar olores fuertes. No olvides ventilar después de usar el producto.

> **A LA VISTA**
>
> No dejes cables sueltos a la vista. Las llaves y enchufes son baratos y fáciles de encontrar. Si no es posible contratar los servicios de un electricista y no te atreves, pon tapas.
>
> Quita todos los clavos y alcayatas que no se usen. Sella todos los agujeros con masilla, espera que sequen y píntalos.
>
> No dejes rodapiés ni otras piezas sueltas. Hay una gran variedad de soluciones para repararlos. La silicona obra maravillas, pero recuerda usar el color adecuado!

Como ves, son reparaciones menores que cuestan muy poco dinero y esfuerzo; sin embargo, si te haces cargo de ellos, darás un gran paso hacia tu objetivo: VENDER RÁPIDO Y POR EL MÁXIMO VALOR, ¡no lo olvides!

Y ahora el último paso, el que más nos gusta y el que hará que los compradores se enamoren de tu casa y digan ¡SÍ, LA QUIERO!

## Quinto paso: LA PUESTA EN ESCENA (STAGING en inglés)

Esta parte es muy divertida y donde puedes dar rienda suelta a la creatividad, y literalmente haremos una puesta en escena.

Anteriormente seleccionaste los muebles para cada habitación de manera que ejercieran una función. Ahora vas a colocarlos de manera que den confort, los dotarás de vida, comodidad y encanto.

Asegúrate de sugerir para qué se podrían utilizar ciertos espacios: un rincón de lectura, una zona de descanso en la terraza, una mesa con una butaca para un café en la habitación principal, etcétera.

Existe un universo de ideas, pero para hacerte la vida más fácil te daremos una fórmula que funciona para cada habitación. Por supuesto, siéntete libre de agregar o retirar aquello que desees, ¡es tu casa!

Presta atención al **exterior**, recuerda que todos los detalles cuentan. Emplea plantas que se encuentren en buen estado y trae la alegría a la entrada de tu casa con ellas.

Es una fachada preciosa, diferente de los chalets, adosados y pisos que tenemos en España, pero ilustra muy bien lo que pretendemos decir. Tu casa debe llamar la atención desde el exterior y hacia el interior.

En la **entrada o recibidor,** un mueble consola sencillo, con una lámpara de mesa y unas flores frescas nunca fallan. También puedes colocar un espejo encima del mueble y un plato decorativo para dejar las llaves.

Asegúrate de que el paso se encuentre despejado, pero que haya una entrada definida como en el ejemplo siguiente:

El atrezzo (en teatro y televisión, conjunto de objetos y enseres que aparecen en escena) es lo que utilizaremos para dar el toque especial en cada habitación.

La siguiente imagen es un ejemplo de atrezzo sencillo que puedes emplear como decoración para el recibidor.

En el **salón**, busca el mejor lugar para colocar el sofá, ya que es la pieza más grande y marcará toda la distribución. Aprovecha el sitio por donde entra más luz, o la pared más larga.

Aquí jugarás con el resto de muebles que tengas. Siempre recuerda que menos es más. Y no te obsesiones con colocar el sofá frente a la tele. Esto sí lo puedes dejar para los nuevos dueños.

Cierra el círculo frente al sofá con una butaca y una mesa de centro y enmárcalo con una alfombra si tu casa se encuentra en un lugar más o menos frío. Completa la decoración con una lámpara de pie al otro lado del sofá, y alguna planta muy bonita. Viste el sofá con cojines y una manta si es época de otoño o invierno.

A continuación te dejamos una imagen para ilustrar exactamente lo que queremos decir:

A continuación otros ejemplos de distribución y decoración que también podrías usar en el salón:

Observa la imagen anterior. Las cortinas y estores son importantes en el salón, sobre todo, dan calidez. Escoge cortinas lo más sencillas y neutras posibles, que no sobrecarguen el ambiente.

Hablemos ahora del **comedor**. Es importante tener definidas las áreas principales de la casa, y esta es una de ellas, no importa si es pequeña, lo importante es que exista.
Luego da rienda suelta a tu creatividad, puedes vestir la mesa sugiriendo un desayuno, o una cena, o simplemente adornarla con un centro de mesa compuesto por flores frescas o frutas, ambos pueden dar el toque de color.

Aquí te dejamos varias imágenes que ejemplifican muy bien qué puedes emplear para hacer el staging a tu comedor:

La imagen anterior nos gusta mucho, porque demuestra que aunque tengamos pocos metros cuadrados se puede lograr mucho empleando inteligentemente el color, la distribución y el atrezzo.

Y ya que tenemos una cocina-comedor, sigamos con esta última, que es una de las estrellas de la casa. Si tu **cocina** lleva mucho tiempo sin actualizarse, puedes emplear pintura para azulejos, pintar las puertas de los armarios de color claro y poner tiradores nuevos para dar un lavado de cara. Pero lo más importante en este caso es LA LIMPIEZA Y EL ORDEN.

Para dar el toque de encanto, una botella de vino con un par de copas sugiere que es la cocina ideal para una pareja. Un frutero con frutas de temporada es ideal para decorar esta parte de la casa, así como un colorido libro de cocina o un bonito set de tazas.

Veamos algunos ejemplos. Utiliza estas imágenes para inspirarte, son cocinas muy modernas, que no tiene por qué ser como la tuya, pero observa lo despejadas que están, los pocos objetos que la conforman, y aunque una es más elegante que la otra, ambas lucen muy bonitas y limpias.

Con los **baños** ocurre algo parecido que con la cocina. No conviene que se vean demasiado anticuados porque suman años a la casa, y por supuesto tienen que estar super limpios y perfumados.

Recomendamos poner palitos de olor que puedes encontrar en cualquier mercado, utiliza un aroma suave. Un jabón nuevo sirve como decoración y también aporta olor.

Observa la siguiente imagen, todo sencillo, despejado y solo unos pequeños detalles para decorar.

Ten preparado un set de toallas limpias, blancas a poder ser, un jabón de olor, y el resto del atrezzo, para tenerlo muy a mano y colocarlo el día de las fotos y luego en las visitas.

Más ejemplos:

Con respecto a los **dormitorios:** delimitaremos muy bien cual es el principal, y lo prepararemos como dormitorio de matrimonio. El mobiliario indispensable es la cama y las mesitas de noche, a partir de ahí todo lo que puedas incorporar para que luzca más confortable será un plus.

A continuación te mostramos una imagen para ilustrar los elementos más usados para dejar un dormitorio perfecto, pero sobre todo fíjate en la cama, con esta buscaremos transmitir mucha comodidad. Esto se logra con un colchón mullidito a base de mantas, edredones y cojines. En la ropa de cama los colores también importan. Viste la cama con sábanas blancas, y el resto siempre en colores neutros.

Si tu casa tiene alguna habitación con el baño en-suite, aprovéchalo como habitación principal, ya que está muy de moda, además de que resulta muy cómodo y práctico.

Intenta crear en el dormitorio principal una zona aparte de la de dormir, un baño en-suite es un ejemplo. Pero si no es tu caso, aprovecha algún espacio extra para colocar una mesilla con una butaca, que sugiera una zona de lectura, o para el café de la mañana.

Aquí te dejamos un ejemplo de un proyecto propio donde los metros cuadrados eran bastante limitados.

Si tu casa tiene 2 dormitorios, asegúrate de que el segundo ofrezca más de una posibilidad, por ejemplo como dormitorio juvenil / zona de trabajo, dormitorio de invitados / despacho. Si tienes 3 o más habitaciones, prepáralas en este orden: principal, juvenil, despacho, de invitados.

Juvenil o infantil, es más o menos lo mismo, en ninguno de los dos casos recomendamos emplear una decoración demasiado específica ni colores muy marcados. Muchas personas suelen pintar la habitación de la niña de rosa. Bueno, si los compradores no tienen una niña, ese color no les vendrá bien, sin embargo, si la habitación, siendo infantil está pintada de un color neutro, no será un problema para ellos.

Si tienes que dejar alguna habitación vacía por el presupuesto, recuerda mantener los mínimos que hemos comentado: limpieza, orden y no utilizarla como trastero.

Más ejemplos de dormitorios:

Los **pasillos y escaleras** deben encontrarse libre de todo tipo de obstáculos, así como la **terraza**. En esta aprovecha para crear un espacio de ocio o descanso, dependiendo de los metros cuadrados de que dispongas. Aquí las plantas vuelven a ser protagonistas. Coloca alguna tumbona, o mesa de desayuno. Sorprende a los compradores con algún detalle interesante.

# La salida al mercado

Hablemos del **Precio**

Recomendamos poner un precio ajustado al valor de mercado real de la vivienda. Las inmobiliarias suelen tener el servicio de tasación, pero si eres particular puedes hacer tú mismo una búsqueda en tu portal inmobiliario preferido y sabrás en qué rango de precios se encuentran las casas de tu zona con las mismas características.

¿Por qué es importante poner un precio ajustado? Porque si pones el precio por encima para bajarlo luego en la negociación, te puedes quedar fuera de las búsquedas de los compradores que tienen como tope el precio que si estabas dispuesto a aceptar.

Por ejemplo: digamos que tu casa vale 100.000€, pero la sacas a la venta por 120.000€, porque esperas bajarlo luego en el regateo.

Bien, en el otro lado tenemos un comprador que está buscando una vivienda similar a la que estás vendiendo pero su presupuesto máximo es de 100.000€ (el que estabas dispuesto a aceptar en el regateo).

Entonces él pone en el filtro del portal inmobiliario precio máximo: 100.000€, así pues no le saldrá tu casa en su búsqueda, aunque es un comprador potencial.

**¡Recuerda!**

> Staging + precio ajustado = menos regateo

¡Un buen **PRECIO** junto a un buen **ANUNCIO** hacen magia!

Veamos aquí qué podemos hacer.

Tenemos que sacar el máximo partido al anuncio que pondrás en los portales inmobiliarios, ya que es el primer contacto de los compradores con tu casa, aquí es donde primero captarás su atención.

Hay que sacar muy buenas fotos de la casa, de toda ella. Fachada, entrada, pasillos, cada habitación desde varias perspectivas; terrazas, etcétera. En el momento de sacar las fotos, la casa debe estar impecable como ya hemos hablado en las páginas anteriores. Es el día en que ya la casa se encuentra lista con todo lo que ya hemos explicado anteriormente, como si de un set televisivo se tratase.

Para hacer las fotos aprovecha la hora de máxima luz solar, pero además enciende las luces de la casa. Si tienes unas bonitas vistas nocturnas, también recomendamos hacer tomas nocturnas tal vez de una terraza, una piscina o de la fachada.

Evita el contraluz: esto significa que en el momento de hacer una foto hacia una ventana, debes bajar las cortinas o el store un poco, para que no quede oscura. Esto, si lo que se ve fuera es interesante y deseas que se vea, claro, por ejemplo si la habitación es exterior.

Pero, si la ventana da a un patio interior, es mejor dejar la cortina cerrada, de manera que pase la luz, pero que no se vea el edificio de enfrente, y por supuesto, que no salga oscura la habitación.

¡Que no salgan personas ni mascotas en las fotos!

Ya tienes tu **PRECIO** y tus **FOTOS**. Ahora crearemos un **ANUNCIO** muy atractivo que soporte esas maravillosas fotos que sacaste. Parecerá obvio, pero no está de más que te lo diga, la foto de portada tiene que ser la más bonita, espectacular o impresionante de todas, aquella que muestre el principal atractivo de tu casa, le seguirán las siguientes mejores, en ese orden. <u>Cuantas más fotos tenga tu anuncio mucho mejor, alrededor de 40 es el número ideal en *Idealista*</u>.

Parecen muchas, pero si lo miras con ojo de comprador, estarás de acuerdo en que cuantas más fotos mejor idea te puedes hacer del inmueble y más confianza te hace sentir. En este primer momento el objetivo es lograr una visita. Pero no a base de engañar al comprador, por el contrario, sus expectativas tienen que verse alcanzadas y mucho mejor si se superan una vez ponga un pie en tu casa.

¿De acuerdo? Sigamos.

No redactes un anuncio aburrido, redacta un titular corto, claro y preciso con aquello que sea lo mejor de tu casa.

Explica luego los beneficios que no se ven en las fotos con un lenguaje sencillo, sin frases hechas pero original. ¿Por qué tu casa es la mejor?

## Recomendaciones finales

Haz hecho un gran trabajo llegando hasta aquí, te damos las gracias por ello, pero aún tenemos algo más que decirte para que cierres la venta lo antes posible.

Si vives en la casa que vas a vender, tienes que mantener todo lo que has hecho hasta que la vendas. No será tarea fácil, sobre todo si tienes peques.

Recomendamos preparar un KIT PARA VISITAS, con el atrezzo que vas a colocar rápidamente el día que venga un posible comprador, por ejemplo: las toallas limpias para el baño, las mantas de la cama, velas, etcétera; de esta manera cuando vayas a recibir una visita puedes rápidamente dejar la casa otra vez lista, lo más parecido posible a las fotos que están en el anuncio.

Si tienes mascota, es mejor que no esté presente durante las visitas.

Haz un seguimiento de las personas que han venido a ver tu propiedad. Llámales para saber qué les pareció sinceramente, y utiliza la información, sobre todo la negativa para preparar la siguiente visita.

Esperamos de todo corazón que lo que hemos escrito en esta guía sea de gran utilidad para tí, pero sobre todo, que realmente te ayude a vender tu propiedad cuanto antes y por el máximo valor.

Sabemos que funciona, en Estados Unidos, la cuna del Home Staging, no se vende una propiedad sin que se haya preparado antes, a no ser que sea una casa a reformar.

En España los inversores utilizan esta técnica siempre que van a vender una propiedad; y algunas inmobiliarias comienzan a comprender que es un gran valor añadido para sus clientes.

¡Aprovéchalo a tu favor!

Y por supuesto, puedes contactar con nosotros para RESOLUCIÓN DE DUDAS a través del siguiente correo: *contacto@aslstagers.com*

Nos encantaría conocer tu opinión, envíanos tus comentarios a este mismo correo, o déjanos una reseña en Google o Facebook. ¡nos será de gran ayuda!

Una vez más: GRACIAS
¡De todo el equipo de ASL Stagers!

*Autores*:
Janet Cepero Arroyo
Gabriel Manzano Mérida

www.aslstagers.com
www.facebook.com/aslstagers

www.ingramcontent.com/pod-product-compliance
Lightning Source LLC
Chambersburg PA
CBHW051827210526
45473CB00005B/1769